목수 김홍한 목사의
십자가 묵상 4

목수 김홍한 목사의

십자가 묵상 4

지은이   김홍한
초판발행   2022년 9월 15일

펴낸이   배용하
책임편집   윤찬란
사진   뿌리

등록   제364-2008-000013호
펴낸곳   도서출판 대장간
            www.daejanggan.org
등록한곳   충남 논산시 매죽헌로1176번길 8-54
대표전화   전화: 041-742-1424 전송: 0303-0959-1424

분류   신앙 | 영성
ISBN   978-89-7071-591-9   03230

 값 12,000원

목차

하늘에서와 같이

땅에서도 이뤄주소서

우리에게 가르치소서

끝없는 사랑을

영원히 당신의 것입니다

　김홍한 목사의『십자가 묵상 4』가 나온다. 십자가를 가지고 이렇게 다양한 소재들을 다루는 것은 쉬운 일이 아니다. 그것은 생각과 사유의 폭이 매우 넓어서 가능한 일이다. 그의 다양한 십자가는 인생과 역사 속에 들어있는 중요한 광맥들을 표현해내는 상징이기도 하다. 인간의 실존적인 내면세계에 관한 이야기부터 역사 속에서 발생했던 가슴 아린 슬픔까지, 앞으로의 염원까지 담고 있다.

　십자가는 기독교의 상징이요, 고난의 총화이다. 고난을 통해 겪는 아픔과 슬픔은 인생과 역사를 성숙하게 완성하는 원동력이다. 이 십자가의 근본정신을 우리 삶의 일상과 연결해서 묘사해내는 저자의 글솜씨는 대단하다. 문학적 상상력에다 신학적, 사상적인 다양한 섭렵이 더해져서 마음속에 큰 울림을 준다. 다른 사람이 미처 보지 못하는 점을 들추어내어 평범하면서도 깊이 있는 경지를 열어 보이는 그의 글은 감동을 주기에 충분하다. 이런 그의 글에 감동한 팬들이 늘어나는 것은 즐거운 일이다.

십자가! 기독교인에게는 너무도 평범하고 일상적인 것. 그래서 그 참된 의미를 잃어버리고 잊어먹고 사는 일이 많은데, 김홍한 목사의 십자가는 바로 그런 일상에서 만날 수 있는 십자가를 보여준다. 그것을 보는 사람이 십자가를 자신의 삶 속으로 끌어들이게 만드는 효과를 내고 있다.

인간이 두 팔을 수평으로 벌리고 발을 모아 서면 바로 십자가의 형상이 된다. 머리는 하늘을 향하고 두 팔은 양편의 이웃을 향하고 있다. 그런데 그 한복판의 가슴속에는 슬픔의 눈물이 흐르고 있다. 그것은 안타까운 사랑으로 인한 지독한 아픔에서 나오는 슬픔이다. 그래서 십자가는 인간의 마음 깊은 곳을 때리는 엄청난 힘을 갖고 있다. 이런 십자가의 정신을 삶 속에 밀착시켜 다양하게 표현하고 있는 십자가 묵상이 앞으로도 계속 이어져서 많은 사람의 마음에 신선한 깨우침이 일어나기를 바라는 마음이다.

한경호 목사農人, 농신학연구회 회장

"인생은 연극이라고?
인간은 배우라고?
내 인생이 연극이라면 각본은
누가 쓰지?
연출은 누가 할까?

연극하는 이들이 다른 것을 다 포기하
다시피 하면서도 연극을 포기하지 못
하는 이유는 자기를 끊임없이 보여주기
때문이다. …

사람이 하는 일이라는 것이 다 쇼다. 저
좋은 삶을 사는 것이 아니라 보여주기
위한 삶, 남이 보아주기를 원하는 삶을
살아간다. 보여주기 위한 삶을 산다는
의미에서 인생은 연극이다. 인생은 쇼
다."

「십자가 묵상 2, 나의 십자가」 중에서

"산다는 건 누군가를 밟고 또한 누군가에게
밟히고,
그렇게 사는 것.
사는 것이 그대로 살상이고 폭력이다.
내가 먹는 모든 것이 생명이다.
내가 죽는 날이 살상과 폭력을 멈추는 날,
그날 내 남은 몸을 땅에 묻어
땅속 벌레들에게 먹이로 줄까?
아니면 불에 태워 하나님께 번제로 드릴까.

문득 눈을 들어 서쪽 하늘 바라보니
내가 살아온 날들이 허물로 가득함에 서글픔
이 몰려온다.
황혼의 서쪽 하늘이 아름다운 것처럼
나의 황혼도 아름다웠으면 좋겠다."

「서쪽하늘 십자가」 중에서

"날 좀 보소"하는 마음으로 『십자가 묵상 4』를
내놓는다.

어떤 것은 십자가에 이야기를 담았고
어떤 것은 이야기에 십자가를 맞추었다.
말은 십자가와 이야기지만 실상은 내 이야기다.
내 이야기를 십자가와 이야기에 담았다.

†

하늘에서와 같이

235_190mm

예수께서 말씀하셨다.

"가난한 사람들아, 너희는 행복하다.
하느님 나라가 너희의 것이다." 누가복음 6장

또 말씀하셨다.

"나는 분명히 말한다. 부자는 하늘나라에 들어가기가
어렵다. 거듭 말하지만 부자가 하느님 나라에 들어가는
것보다는 낙타가 바늘귀로 빠져 나가는 것이 더 쉬울
것이다." 마태복음 19장

부자는 불행하다. 부자는 천국에 갈 수 없기 때문이다. 예수
께서는 '부자와 거지 라자로' 이야기를 통해서 말씀하시기를 부
자가 죽음의 세계에서 심한 고통을 받는 이유는 살아 있는 동안
온갖 복을 다 누렸기 때문이고 라자로가 아브라함의 품에 안겨
있는 이유는 불행이란 불행을 다 겪었기 때문이라고 말씀하셨
다. 누가복음 16장

마태는 가난한 자 앞에 "마음"이라는 말을 첨가했다. 어쩌면 부자들을 의식하여 그리했다고 생각할 수도 있으나 예수님의 가르침을 좀 더 풍성히 했다고 할 수 있다. 바울 선생은 이렇게 고백했다.

> "나는 과연 비참한 인간입니다. 누가 이 죽음의 육체에 서 나를 구해 줄 것입니까?" 로마서 7:24

죄인이라 할 세리는 이렇게 기도했다.

> "오, 하나님! 죄 많은 저에게 자비를 베풀어 주십시오."

바울 선생의 고백과 세리의 기도에서 나는 '마음이 가난한 자' 의 모습을 본다.

그 때에 요한의 제자들이 예수께 와서 "우리와 바리사이파 사람들은 자주 단식하는데 선생님의 제자들은 왜 단식하지 않습니까?" 마태복음 9:14

중국 선불교禪佛教의 마조馬祖가 아직 젊었을 때 참선을 하고 있었다. 그를 알아본 이가 스승 남악南嶽이다.

"여보게 젊은이, 자네 지금 무엇을 하는가?"
"참선하고 있습니다."
"참선은 해서 무엇 하려고?"
"부처가 되려구요."

마조가 참선을 계속하고 있는데 얼마 후 계속하여 시끄러운 소리가 들려와 참선에 방해가 되었다. 밖을 내다보니 남악이 열심히 기왓장을 숫돌에 갈고 있었다.

"스님, 무엇을 하고 계십니까?"
"기왓장을 가는 중이네."
"기왓장을 갈아 무엇 하시려고요?"
"거울을 만드네."

130_270mm

마조는 어이가 없었다.

"기왓장을 간다고 거울이 됩니까?"

남악이 말했다.

"참선을 한다고 부처가 될까?"

종교개혁자 루터도 한때는 무릎으로 계단을 오르는 등 고행에 고행을 거듭했다. 그러나 그것으로는 참을 얻을 수 없었다. 그리고 "오직 믿음" 뿐임을 알았다. 하박국 2:4, 로마서 1:16~17, 갈라디아서 3장, 히브리서 10:38

137_275mm

해는 매일 죽는다. 그리고 매일 되살아 난다.

사람도 매일 죽는다. 그리고 매일 되살아난다.

바울 선생은 "나는 매일 죽노라" 했다.

한번 죽고 다시 살아남이 한 살이다.

나는 매일 한 살씩 먹는다.

이 십자가를 만든 날, 내 나이는 22,762살이다.

물속에 있는 물고기는 물을 잘 모른다. 혹 물 밖에 나오면 자신이 물속에 있었음을 즉각 알고는 죽겠다고, 살려달라고 파닥거린다. 나는 물과 뭍을 오고 가는 개구리, 이제 물가에 있는 바위에 올라 창공을 본다. 저 멀리 붕새鵬가 날아간다.

인류 역사상 붕새가 된 성현들이 얼마나 될까? 좁은 내 머리로는 가늠이 되지 않는다. 유명하여 드러난 이도 있겠지만 드러나지 않은 이들이 있을 것이기에 그 수를 헤아릴 수 없다.

250_180mm

설봉은 자신의 고민이 고통이 되어 견딜 수 없어 스승을 찾아 나선다. 성격은 괴팍하기 이를 데 없는 그지만 그래도 기특한 구석이 있다면 어느 절에 가든지 남들이 제일 싫어하는 식모 노릇을 도맡아 했다.

어느 날 우물가에서 쌀을 씻는데 마음의 번뇌가 크니 쌀 씻는 것도 시큰둥하다. 정성이 들어있지 않으니 쌀알이 물에 쓸려나가 바닥에 흩어진다. 그것을 큰 스승 운봉 스님이 보았다.

"무엇을 하는가?"
"쌀을 일고 있습니다."
"쌀을 일고 있는 것인가, 돌을 일고 있는 것인가?"
"쌀과 돌을 한꺼번에 일고 있습니다."
"그러면 대중들은 무엇을 먹고 사나?"

자신은 깊고 근원적인 고민을 하고 있는데 큰 스승이라는 분이 이런 시시콜콜한 것으로 시비는 거는 것에 속이 뒤틀린 설봉이 그만 함지박을 엎어 버린다. 그것을 본 운봉이 설봉을 덕산에게 보낸다. 설봉의 신경질을 꺾을 수 있는 이는 자기가 아니라 덕산이라고 생각한 것이다.

덕산 밑에서 십여 년을 수행했으나 아직도 설봉은 얻은 것이 없다. 그의 고민은 여전했다. 그나마 덕산이 죽고 나자 설봉은 또 다른 선생 임제를 찾아 길을 떠난다. 임제를 찾아 떠나는 발걸음이 무겁다. 벌써 나이는 오십을 바라보고 있는데 아직도 깨달음에 이르지 못하고 선생을 찾아 나선다는 것이 서글프다. 서글픈 정도가 아니다. 금생에 해탈하지 못하면 언제 해탈할 수 있을지 기약할 수가 없음을 생각하니 초조하기 이를 데 없다.

설봉이 친구와 함께 임제를 찾아가는데, 예주 오산진이라는 곳에 이르렀을 때 큰 눈이 내려서 길이 막혔다. 길이 트일 때까지 민가에서 기다리는 수밖에 없다. 하릴없이 기다리다 보니 아직 해결되지 않은 고민이 더욱 부각되어 밀려와 견딜 수가 없다. 그 고통은 밤이 되면 더하다. 도무지 잠을 이룰 수 없다. 그래서 어쩔 수 없이 참선에 들어간다.

참선이라는 것은 하고 싶어서 하는 것이 아니다. 재미있어서 하는 것도 아니다. 할 수 없이 하는 것이 참선이다. 그것밖에는 할 것이 없어서 하는 것이 참선이다. 기도祈禱도 하고 싶어서 하는 것이 아니다. 그것밖에 할 수 있는 것이 없어서 하는 것이다. 마지막 수단이 기도다.

열심히 참선하지만 달라지는 것은 없다. 하면 할수록 고뇌는 더욱 깊어진다. 옆에서 단잠을 자는 친구가 한심하기도 하지만 부럽기도 하다. 실컷 자고 일어난 친구가 자신도 참선한다고 자세를 잡는다. 그 친구에게 자존심 센 설봉이 비로소 속마음을 털어놓는다.

> "수많은 경전을 읽고 수많은 참선을 해왔지만 나를 잊고 잠 한번 편히 잘 수가 없으니 이 일을 어찌하면 좋은가?"
> "도대체 잠도 자지 못하고 하는 자네의 고민이 무엇인가?"

설봉은 이런저런 자신의 고민을 모두 털어놓았다. 그때 친구가 웃으면서 말한다.

> "그게 어디 자네만의 문제인가? 모두가 하는 고민이지."

"모두가 하는 고민이라!" 친구의 이 말에 설봉은 비로소 깨달음을 얻었다. 그 순간 수십 년간 쌓였던 잠이 몰려왔다. 며칠을 잤는지 모른다. 잠에서 깨고 나니 친구는 먼저 갈 길을 간 뒤였다. 설봉은 발길을 돌려 상골산으로 향했다. 그곳에 많은 제자가 몰려들었다. 그곳에서 설봉은 비로소 설봉이 되었다.

석가는 생生·로老·병病·사死를 "고苦"라 하였는데, 그 말에 반감이 생긴다. 생로병사는 누구나 겪게 되는 자연현상인데, 너무나 당연한 자연현상이 어찌 괴로움일까? … 그러면 남들은 겪지 않는 나만의 괴로움은 무엇일까? '없다.' 남들은 하지 않는 나만의 괴로움, 나만의 근심과 걱정은 없다.

누구나 다 하는 고민은 고민이 아니다. 누구나 하는 고민을 "그까짓 것~"하고 떨쳐버리지 못하고 거기에 집착하는 것은 천박한 고민이다. 나만의 고민을 찾아야 한다. 그러나 나만의 고민이라는 것이 무엇인가? 나만의 고민이라고 애써 찾아보았더니 웬걸, 허황된 고민이다. 보통사람들이 보통 하는 고민만도 못한 허구다.

내가 한국교회의 침체를 걱정할까? 세계평화를 고민할까?, 내가 남북통일을 고민할까?, 환경오염을 고민할까?, 세상이 점점 더 타락해 간다는 케케묵은 고민을 할까? 그도 아니면 죄와 율법 가운데 고통받고 있는 불쌍한 중생들을 고민할까?

인간들의 꿈은 거대할수록 망상이고 걱정도 거대할수록 허구다. 그런데 거대한 꿈을 꾸고 거대한 걱정을 하는 척한다. 그러다가 간혹 자신에게 솔직한 이들 중에 "헛되고 헛되니 모든 것이 헛되다."라고 고백하는 이가 있다. 불교의 선승들은 "무無!" 하고 죽는다. 이러한 고백은 세상이 헛되다는 것이 아니요 세상이 무無라는 것이 아니다. 자신의 고민이 헛된 것이고 자신의 고민이 무無라는 것이다. 예수께서는 십자가를 지고 가시며 말씀하셨다.

"예루살렘의 여인들아, 나를 위하여 울지 말고 너와 네 자녀들을 위하여 울어라…."누가복음 23장

225_370mm

사람들이 간음하다 현장에서 붙들린 여인을 예수님께 끌고 왔다. 현장에서 붙들렸으니 현행범이다. 남자도 있었을 터인데 남자에 관한 이야기는 없다. 사람들이 모였다. 어떤 이는 민망해서 자리를 피했을 수도 있고 어떤 이는 "죽여라"라고 소리쳤을지도 모른다. 여인들도 많이 있었을 것이다. 더러는 그 여인을 동정하며 자리를 피했겠지만 더러는 표독스러운 표정으로 "저년 죽여라"라고 소리쳤을 것이다. 예수께서 침묵을 깨고 말씀하셨다.

"너희 중에 누구든지 죄 없는 사람이 먼저 저 여자를 돌로 쳐라." 요한복음 8:7

그러자 사람들이 하나하나 다 돌아갔다. 그런데 순서가 있었다. 나이 많은 사람부터 돌아갔다. 나이 든 만큼 어른이 된 것이다. 어른이란 얼이 들어간 사람, 정신이 든 사람, 철든 사람이다. 나이 든 만큼 죄도 많고 허물도 많겠지만, 나이 든 만큼 인생의 깊이도 알고 철도 들었다. 그래서 자기 자신도 그 여인과 다를 바가 없는 죄인이라는 것을 알게 되었다. 그리고 소위 죄罪라 하는 것이 죄가 아닐 수 있고 의義라 하는 것이 의가 아닐 수 있음을 어렴풋이나마 알게 되었다. 그것이 위대한 스승이신 예수 앞에서 밝아진 것이다.

"죄인이다"라고 하면 온통 비난의 화살만 쏘아대는 우리의 모습들이 너무 천박하다. 한 번쯤은 내가 그 죄인의 입장이 되어보고, 그 죄인의 친한 친구의 입장이라도 되어보면 어떨까? 예수님이 바라시는 것이 그것이라는 생각이다.

세상이 험하다고 하지만
그럴 수 없다.
세상은 주님의 사랑이 가득하고
사람의 사랑도 가득하다.
사랑을 주고
사랑을 받고
그 사랑이 세상을 붙든다.

세상이 악한가?
그럴 수 없다.
온전히 선하지 못할 뿐
결코 악하다 할 수 없다.
하나님이 선하신데
하나님이 창조하신 세상이 악할 수 없다.

세상은 사랑의 꽃밭
그 꽃밭에서 노래하고 춤추는 것이 인생이다.

205_270mm

그 꽃밭에서
사랑하고 싶어서,
사랑받고 싶어서,
사랑하면서,
사랑의 상처로 괴로워하는 것이 인생이다.

225_270mm

주님을 내 생의 밑힘으로 하고,
주님의 말씀을 내 삶의 가르침으로 받고,
주님의 뜻을 나의 뜻으로 삼겠다고

늘 다짐하지만
여전히 우리는
돈을 밑힘으로 삼고,
세상의 얄팍한 지식과 이념에 휘둘리고,

욕망을 채워달라고 기도한다.
이렇게 불충하건만
주님은 내치지 않으시고
부르시고
당기시고
품어주신다.

180_250mm

예수께서 말씀하셨다.

> "온유한 사람은 행복하다. 그들은 땅을 차지할 것이
> 다." 마태복음 5:5

세상은 참혹한 경쟁 사회, 강자만이 살아남는 세상이라고 한
다. 그러나 결과는 반대다. 백수百獸의 왕 호랑이는 한반도에서
사라진 지 오래지만, 토끼와 고라니는 여전히 산과 들에 뛰어다
니고 있다. 찰스 다윈의 적자생존의 법칙이 진실에 가깝다 하더
라도 그 적자라는 것은 강자가 아니라 온유한 자다. 언제나 땅
에 충만한 이들은 온유한 이들이다. 세계를 제패한 이는 강자
알렉산더가 아니라 온유한 자 예수다.

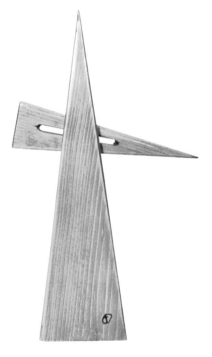

190_330mm

노자老子는 말했다.

"하늘의 도는 활을 당기는 것과 같다.
높은 쪽은 누르고 낮은 쪽은 올린다.
남으면 덜어주고 모자라면 보태 준다.
사람의 도는 그렇지 않아 모자라는 데서 덜어내어 남는
데에 바친다."『노자』 77장

예수께서는 말씀하셨다.

"모든 골짜기가 메워지고 모든 산과 작은 산이 낮아
지고 굽은 것이 곧아지고 험한 길이 평탄하여 질 것이
다."누가복음 3:5

높은 산은 깎이고 골은 채워진다.
빛은 밝은 곳에서 나와 어두운 곳으로 간다.
물은 항상 낮은 곳으로 흐른다.
자애로운 어버이는 잘난 자식보다 못난 자식에게 더 맘을 쓴다.

220_260mm

"나는 분명히 말한다. 누구든지 마음에 의심을 품지 않고 자기가 말한 대로 되리라고 믿기만 하면 이 산더러 '번쩍 들려서 저 바다에 빠져라' 하더라도 그대로 될 것이다. 그러므로 내 말을 잘 들어 두어라. 너희가 기도하며 구하는 것이 무엇이든 그것을 이미 받았다고 믿기만 하면 그대로 다 될 것이다." 마가복음 11:23~24

믿음은 과연 모든 것을 가능케 하는 도깨비 방망이인가?

정말 믿기만 하면 모든 것이 가능한가?

겨자씨만 한 믿음만 있어도 저 산을 바다에 빠뜨릴 수 있단 말인가?

기도하며 구하는 것은 무엇이든지 이미 받았다고 믿기만 하면 그대로 다 되는 것인가?

말씀은 이러하지만 우리는 말 그대로가 아니라는 것을 경험을 통해서 이미 알고 있다.

가치관이 다르고 사고구조가 다르기 때문이다.

예수께서는 하늘나라 가치관과 영원이라는 시간관을 가지시고 말씀하시는데 우리는 세상이라는 공간과 지금이라는 시간 속에서 그 말씀을 듣기 때문이다. 주님께서는 "구하라 받을 것이다" 하셨는데 그것은 하나님께서 하늘나라를 주시겠다는 것이고 이미 주셨다는 것이다.

하늘나라의 가치관으로 사는 사람에게는 부족한 것이 없다. 더 바랄 것도 없다. 이미 완전하다. 안 되는 일도 없다. 하나님의 뜻이 그대로 내 안에 드러나는데 안 되는 일이 있겠는가? 이렇게 하나님과 일치되는 상태를 만들어 주시는 분이 성령님이다.

우리는 비록 세상 속에 살지만, 어렴풋이나마 하늘나라의 가치관을 알고 있다. 그래서 주님의 황당한 말씀을 거짓이라 외면하지 않고 희망으로 받아들일 수 있다.

가난한 자는 복이 있나니
우리가 가난하리라 영원히

† †

땅에서도 이뤄주소서

사진: 임재근
350_540mm

아주 오래전부터 인간 세상 최고의 폭력집단은 국가였다.
국가가 국민을 마치 사냥감 대하듯 하였다.
집단학살도 서슴지 않았다.

군대는
아주 가끔 남의 나라를 침략하기도 하고
침략에 방어하기도 하지만
대부분 그들의 총구는
자국민을 향했다.

해방 후 이 땅의 최고의 폭력집단도 국가였다.
4.3 제주에서, 5.18 광주에서 그랬다.

내가 사는 대전은 역사가 짧은 신흥도시,
철도와 함께 생겨났다.
짧은 역사에도 상처가 있다.

대전에는 매우 큰 교도소가 있다. 한때는 동양 최대라고 했다.
해방되고, 거기에는 많은 좌익수들이 수감되어 있었다.
멀리 제주에서 끌려온 이들, 여수·순천에서 온 이들도 있었다.
한국전쟁의 발발과 함께 그들은 모두 골짜기로 끌려갔다.
"골로 갔다"라는 말이 그렇게 만들어졌다.
경상도 지역, 바다가 가까운 곳,
그곳에서는 사람들이 줄줄이 묶여서 바다에 수장되었다.
"물 먹었다"는 말이 그렇게 만들어졌다.

대전 산내 골령골에
길게 구덩이를 파고 마구잡이로 묻었다.
세상에서 가장 긴 무덤이다.
발굴 현장은 흙반 **뼈**반이다.

〈골령골 십자가〉를 만들었다.
『십자가 묵상 3』에 사진과 글이 있다.
하나 더 요구가 있어 이렇게 만들었다.

「민중의 아버지」

우리들에게 응답하소서 혀 잘린 하나님

우리 기도 들으소서 귀먹은 하나님

얼굴을 돌리시는 화상당한 하나님

그래도 당신은 하나뿐인 늙으신 (민중의) 아버지

하나님 당신은 죽어버렸나

어두운 골목에서 울고 계실까

쓰레기더미에 묻혀버렸나 가엾은 하나님

230_290mm

전두환과 신군부의 광기가 세상을 유린하던 1980년대 초반 목숨 걸고 띄운 마당극에서 백골단에게 사로잡혀 십자가에 못 박혀 죽는 예수 역을 맡은 이가 이 노래를 불렀다. 이 노래를 지은이는 김흥겸, 연세대학교에서 신학을 공부하고 판자촌으로 유명한 신림 7동의 낙골교회 전도사로, 또 노점상으로 살았다.

1995년 그는 위암 선고를 받았고 2년 동안 처절하게 병마와 싸우다가 1997년 서른여섯의 나이로 죽었다.

이 노래에서 하나님은 하늘 보좌에 앉아계시지 않았다. 전지하지도 전능하지도 않으신 무력한 하나님이다. 늙고 병드셨다. 도무지 능력이 없어서 자신에게 도와달라고 기도하는 이의 기도를 애써서 외면하시고 귀 막아 버리시고는 어두운 골목에서 울고 계신 하나님이다.

이 노래를 처음 들었을 때 나는 큰 충격을 받았다. 그리고 그 가사가 너무 처절하여 눈시울이 뜨거워졌다. 한 번 들었는데 그 노래 가사를 기억했다. 서투른 기타 반주로 이 노래를 부르며 나는 많이 울었다.

125_185mm

사실을 확인하고 믿는 믿음.

믿고 싶어서 믿는 믿음.

믿어져서 믿는 믿음.

믿어야 하니까 믿는 믿음.

그냥 당연할 줄 아는 믿음.

무조건 믿는 믿음.

자신에게 유익하다고 생각하면 믿고 무익하다고 생각하면 외면하는 믿음.

그동안 믿어온 것이 아까워서 믿는 믿음.

믿음은 사실 여부와는 관계가 없다.

아무리 분명한 사실이라 하더라도 안 믿는 이들이 있는가 하면 아무리 황당무계한 말이라도 철석같이 믿는 이들이 있다.

믿음의 질은 학력이나 지식의 많고 적음, 신분, 직업과는 관계가 없다.

어떤 이는 배운 것이 없어도 그 생각과 종교적 깊이가 범상치 않은 이들이 있다. 반면 박사, 연구원, 의사, 교수라 하는 이들 중에 그 생각과 믿음의 깊이가 유치한 이들도 있다.

시인들은 말한다. "슬픔이 없이는 시를 쓸 수 없다. 환희에 넘치는 시도 슬픔 속에서 나온다." 화가들도 비슷한 말을 한다. "몸이 편하고 마음이 편하면 작품의 진도가 나가지 않는다."

믿음도 그와 같다. 슬픔과 괴로움이 깊을 때 믿음의 내용도 깊이가 있다.

사회를 믿는 것이 국가주의, 사회주의다.
젊음을 믿는 것이 패기다.
돈을 믿는 것이 자본주의다.
주먹을 믿는 이가 건달이다.
사람을 믿는 것이 휴머니즘이다.
신을 믿는 것이 종교다.

신을 믿을 수 있을까?

돈보다, 권력보다, 사회보다, 인간보다 훨씬 구체적이지 못한 신이다. 그러고 보면 신이야말로 가장 믿을 수 없는 존재다.

신을 알 수 있을까?

사람도 알지 못하는데, 사물도 알지 못하는데, 저 자신도 알지 못하는데 어찌 신을 알 수 있겠는가. 신을 알아서 믿는 것이 아니다. 진정으로 알고, 진정으로 믿을 수 있는 것이 아무것도 없기에 마지막으로 신 앞에 무릎을 꿇는다.

신을 믿음에는 이유가 없다. 목적도 없다. 그냥 믿는다.

220_325mm

세상을 유지하는 것이 사랑이라면
세상을 변화시키는 것은 분노다.
분노는 하늘이 주는 은혜카리스마다.
그 분노는 위대한 사랑에 근거한다.
사랑이 크고 깊을수록 분노도 크다.
거룩한 분노다.

위대한 인물들은 거룩한 분노가 충만했던 이들,
분노가 혁명을 일으키고,
분노가 자기 몸을 불사르고,
분노가 억압의 사슬을 끊는다.

분노는 세상을 태운다.
태울 마음이 커야 불길도 크다.

아! 예수여! 세상에 불을 지르러 온 불이여!
　율법을 불사르고 성전을 불사르고 로마를 불사르고 자신을
불살랐다.
　오늘날에도 여전히.

225_270mm

친구를 만났다. 그 친구의 매형이 목사님인데 도시목회에 실패하고 시골로 들어갔단다. 부모님으로부터 물려받은 값도 나가지 않는 산속 오지 땅에 주택을 짓고 이사를 했는데 주택만 지은 것이 아니라 최대한 빚을 내서 예배당을 지었단다. 교인은 하나도 없고 주변을 둘러보아도 그 교회에 올 사람은 아무도 없는 그런 오지에 그렇게 예배당도 지어 이사를 했단다. 주변 사람들이 아무리 말려도 듣지 않고 그렇게 하였단다. 그 친구의 말 속에는 답답함과 원망과 매형의 무모함에 대한 분노까지도 섞여 있었다. 친구와 헤어지고 돌아오는 길, 나는 마음이 참 무거웠다. 그 목사님의 슬픔이 느껴졌기 때문이다.

나는 첫 목회를 1987년 농촌에서 시작했다. 3년이 지나면서 슬픔을 보았다. 노인들이 죽는다. 그런데 그 죽음들이 정상적인 죽음이 아니다. 절반 이상이 실질적인 자살이었다. 농촌 총각들, 짚신도 짝이 있다고 하는데 그들은 짝을 찾지 못했다. 그것이 슬펐다.

시를 읽기가 두렵다.

시는 슬프기 때문이다.

아무리 아름다움을 노래해도 시는 슬픔을 담고 있다.

슬픔을 보고 아름답다 하면 잔인한 것이다.

가슴 아픈 사랑 이야기도 두렵다.

성서를 공부하고 역사를 공부하면서 두께를 알 수 없을 정도로 쌓여있는 사람들의 슬픔을 본다. 우선 기록된 것들은 모두 잘난 사람들의 영웅적인 이야기, 권력투쟁 이야기, 전쟁 이야기들이지만 그 이면에 생략된 너무나도 엄청나게 많은 슬픈 이야기들이 있다.

슬픔이 없는 시는 가짜다.

슬픔을 보지 못하는 성서 읽기도 가짜다.

슬픔을 기록하지 않는 역사기록도 가짜다.

온갖 생물들도 다 슬픔을 간직하고 있다. 밥 한술 뜨면 밥알 한 알 한 알이 모두 생명인데 그 생명을 우악스럽게 씹어 먹는 것이 슬프다. 내가 살기 위해서 남의 생명을 엄청나게 먹어대는 그것이 슬프다. 내 이빨에 으깨어 죽어가는 숱한 생명들의 비명이 슬프다.

세상이 온통 슬픔이고, 생명을 살아간다는 것이 슬픔이니 저 달도 슬프다. 휘영청 밝은 한가위 보름달은 얼마나 많은 이들의 슬픔을 보고 간직하고 있을까?

하나님도 슬픔, 하나님은 사랑이라 하지만 그만큼 하나님은 슬픔의 하나님.

145_145mm

하나님은 모든 이를 사랑하신다고? 안타깝게도 모든 이를 사랑한다는 것은 아무도 사랑하지 않는 것과 같다. 중국 전국시대의 사상가 묵자墨子가 겸애兼愛를 주장하면서 "내 아버지 네 아버지 구별하지 말고 사랑해야 한다"고 했더니 맹자孟子는 그를 무부無父한 자라고 했다.

하나님은 모든 사람을 사랑하실까? 그것은 인간들의 막연한 바람일 뿐, 성서 속의 하나님은 너무도 선명히 편애하시는 하나님이다. 카인과 아벨 중에서 아벨을 사랑하셨다. 수많은 사람 중에서 아브라함을 사랑하셨고 이삭과 이스마엘 중에서 이삭을 사랑하셨다. 야곱과 에서 중에서 야곱을 사랑하셨다. 하나님은

"돌보고 싶은 자는 돌보아 주고 가엾이 여기고 싶은 자는 가엾이 여기시는 분이다."출애굽기 33:19

하나님의 사랑, 믿을 수 있는가?
하나님의 사랑을 믿지 마라.

그분은

"극성스레 원수를 갚으시는 하느님,
성급하게 원수를 갚으시는 신이시다."나훔 1:2

하나님은 노골적으로 편애하시는 하나님이다. 그건 그렇다 하
더라도 변덕스럽기까지 하신 하나님이다. 도무지 용서할 수 없
는 죄도 못 본 척 어물쩍 넘기시는가 하면 죄 같지도 않은 죄를
죽음으로 다스리시는 분이다. 이런 변덕스런 하나님을 어찌할
까? 하나님은 정서적으로 불안한, 합리적인 생각을 하지 못하고
남을 배려하지 못하는 어린아이 같은 하나님이다. 그러나 힘이
엄청 센 그런 어린아이다. 그래서 힘없는 인간들은 하나님의 비
위를 맞추어 주고 하나님을 열심히 달래주지 않으면 안 된다.

요나는 니느웨 성을 멸망시키시려는 하나님을 이렇게 달랜다.
성서에는 하나님께서 요나를 달래시는 것처럼 기록되어 있으나
어찌 된 일인지 내 눈에는 요나가 하나님을 달래는 것으로 보인
다.

"애처롭고 불쌍한 것을 그냥 보아 넘기지 못하시고 좀처럼 화를 내지 않으시며 사랑이 한없으시어, 악을 보고 벌하려 하시다가도 금방 뉘우치시는 분…" 요나서 4:2

하나님의 사랑을 믿지 마라.

그분은 모든 사람을 다 사랑하고 싶지만, 사랑할 수 없는지도 모른다. 모두를 구원하고 싶지만 그렇게 할 수 없으신지도 모른다.

그러니

하나님을 불쌍히 여기자.

하나님의 무능하심을 용서하자.

하나님이 하나님이실 때의 매정하심을 용서하자.

장성한 자식은 부모를 불쌍히 여기듯 그렇게 하자.

하나님은 사랑의 하나님이시기도 하지만

하나님은 사랑받기를 원하시는 하나님,

사랑을 받지 못하면 심히 섭섭해 하시고 심히 질투하시는 하나님이다. 그래서 몽니도 부리고 보복도 하시는 하나님이다. 하나님은 이렇게 연약하신 분이시기에 성숙한 사람은 마땅히 하나님을 불쌍히 여겨야 하리라.

*　　*　　*

이런 변덕쟁이 하나님, 무정한 하나님이 회개했다.

비로소 사람을 보았다. 사람에 대한 연민이 솟아올랐다.

그동안 당신께서 행하신 횡포가 너무 부끄러웠다.

그 죄를 속죄하고자 그분은 사람이 되셨다.

그리고 죽으셨다.

예수께서 위대하신 것은 그분께서 기적을 행하심이 아니다.

부활해서도 아니다.

인간에 대한 연민이 너무 커서다. 사랑이 크니 아픔도 크다.

사랑이 큰 만큼 늘 아픔의 삶을 산다.

예수의 사랑이 큰 것은 마땅히 사랑할 만한 사람을 사랑해서 가 아니라 도무지 사랑할 수 없는 이들을 사랑해서다.

일본의 승려 신란은 말했다.

"하나님이 선한 이도 사랑하시거늘 하물며 악인을 사랑 하시지 않겠느냐?"

2000년 6·15 공동선언 첫 번째 내용이 "통일은 외세에 의존하거나 외세의 간섭을 받음이 없이 자주적으로 해결해야 한다"였다. 1972년 7월 4일 남과 북이 만나 조국 통일 원칙들에 합의를 본 이후 28년 만이었다.

역사를 거슬러 올라 1876년 2월 일제에 의하여 강제로 강화도조약이 체결되었다. 그 첫 조항이 "조선은 자주국으로 일본과 평등한 권리를 가진다"이다. 이것이 웬 말인가. 조선은 자주국이라니? 우리나라 조선이 집어넣은 조항이 아니라 일제가 강제로 집어넣은 조항이다.

일제는 우리나라를 중국으로부터 떼어 놓을 속셈이었지만 우리가 그토록 멸시하고 천대하던 그들이 우리에게 자주국임을 일깨워 주었으니 부끄럽기도 하다.

위 조약들은 우리나라의 자주 선언들이다. 그러나 강화도조약의 자주 선언이 진정한 자주 선언일 수 없었듯이 7·4 공동성명과 6·15 공동선언도 진정한 자주 선언일 수 없다. 미국이 허락하지 않는 선언이기에, 미국을 극복하지 못한 상태에서의 선언이

170_335mm

기에 지켜질 수 없는 선언이었다.

강화도조약은 중국으로부터 조선을 떼어내어 일본이 차지하겠다는 뜻이었고, 7·4 공동성명은 그럴 수도 없고 그럴 마음도 없던 독재정권의 대국민 기만술책이었다면, 6·15 공동선언은 그렇게 되기를 바라는 열망이었으리라.

자유란 홀로서기다. 홀로 서려면 정신이 들어야 한다. 아무리 천하장사라 하더라도 정신을 잃으면 설 수 없다. 홀로 서려면 힘이 있어야 한다. 목과 허리가 곧아야 하고 굳건한 두 다리가 힘을 얻어야 한다. 일해야 하니 튼튼한 두 팔이 있어야 한다. 자유로우려면 극복해야 할 것들이 있다. 두려움, 이데올로기, 무력, 경제를 극복해야 한다.

두려움을 극복하는 것이 종교다.
이데올로기를 극복하는 것이 상식이다.
무력을 극복하는 것이 평화 사랑이요,
경제로부터 자유로움이 근면함과 성실함,
그리고 절약과 나눔이다.

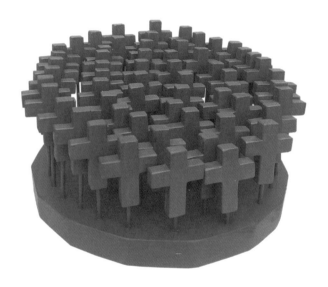

200_335mm

오월 광주를 표현했다.

작가는 작품으로 말한다고 한다.

설명하지 말라고 한다.

이 작품이 그렇다.

보는 이가 그냥 느끼면 된다.

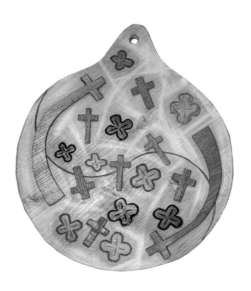

225_270mm

어떤 이가 꿈을 이야기한다. 우리나라 비무장지대를 세계적인 생태 공원, 평화의 공간으로 삼자는 것이다. 대부분은 인간의 손이 닿지 않는 지금의 모습 그대로 유지하고 아주 조금 공간을 열어 거기에 평화의 도시를 세운다. 유엔기구가 들어오고, 평화 박물관, 국제 평화대학을 세운다.

이런 꿈이 어디 그 사람만의 꿈이겠는가? 조금이라도 생각이 있는 이라면 충분히 생각하는 바가 있을 것이다. 나도 그런 비슷한 꿈을 꾸었다. 그리고 그것을 상징하는 십자가도 만들었다. 〈통일동산 십자가〉다.

270_410mm

　이런저런 매체를 통해서 들려오는 소리, 우리나라 국민들의 행복지수가 매우 낮다고 한다. 우리나라 청소년들의 행복지수가 꼴찌라는 이야기도 들린다. 그런데 도대체 그 행복지수의 산출 근거가 무엇인가? 인간의 삶의 질을 위하여 행복지수를 계산한 모양인데 헛된 짓이다. 행복이라는 것이 너무 추상적이니 무엇이 행복이라고 정의하는 것도 추상적일 수밖에 없다. 사실 행복지수라는 것은 욕망을 채웠을 때의 행복감이던지 욕망을 채울 가능성이 높을수록 높게 나타나는 감정이다.

　나라를 이끄는 이들은 헛된 행복지수라는 것에 현혹될 것이 아니라 다수 국민들의 불행을 없애는 노력을 기울여야 할 것이다. '행복'이라는 것은 추상적이지만 '불행'이라는 것은 구체적이다. 그러니 불행의 조건들을 제거해 가는 것이 우선이어야 한다. 적어도 우리 사회에 굶는 이는 없어야 한다. 매 맞는 이도 없어야 한다. 죄 없이 갇혀있는 이가 없어야 한다. 누구나 교육받을 수 있어야 한다. 기초적인 주거환경이 마련되어야 한다. 이러한 것은 하고자 한다면 우리 사회가 충분히 할 수 있다. 맹자의 말대로 "할 수 없는 것이 아니라 하지 않는 것"이다.

† † †

우리에게 가르치소서

180_270mm

성경을 읽는다.
해석되지 않는 부분이 있다.
내가 방안을 서성인다.
문득

"내가 지금 뭘 하지?"
"아! 내가 지금 기도하고 있구나!"

240_355mm

사람은 나무를 닮았다.

십자가는 사람을 매다는 것이니 사람을 닮았다.

사람 닮은 십자가에 나무를 새겼다.

225_270mm

내 집을 마련한다는 것은 성공, 경제적 능력, 행운, 안정, 사회적 지위까지를 모두 표현한다. 늙어서도 내 집이 없다면 불안하고 창피한 일이다. 그런데 과연 그럴까? 자본주의적 가치관과 사회적 통념에 젖어있을 때의 이야기일 뿐이다.

근본을 생각하고 영원을 생각하는 이라면 내 집에 연연할 수 없다. 대지를 발판삼고 드높은 하늘을 지붕으로 삼은 이들에게 내 집이라는 것은 잠시 머물다 가는 정류장이다. 집을 재산으로, 성공의 결과물로 여기고 거기에서 안정을 찾는다면 하늘나라에서의 내 집은 없다.

230_345mm

불교를 상징하는 꽃이 연꽃이다. 더러운 흙탕물 속에 뿌리를 박고 곧게 올라와 화려하게 핀다. 종교적인 표현을 빌리자면 더러운 육신 속에 반짝이는 보살의 마음이다. 한 송이 연꽃, 그것이 부처다. 예수는 어떤 꽃일까? 메마른 사막에 핀 외로운 한 떨기 백합이다.

나 어릴 적 고향집에 선인장이 하나가 있었다. 그 선인장이 꽃을 피웠다. 자기 몸뚱이만 한 아주 커다랗고 예쁜 꽃이었다.

4~5년 만에 핀 그 꽃이 오래 가려나 했더니 새벽에 피어서 해가 중천에 뜨기 전에 시들었다. 많은 꽃을 보았지만, 그 꽃만큼 아름답고 기억에 생생한 꽃은 없다. 꽃이 화분에만 핀 줄 알았더니 내 안에 핀 것이다. 연꽃이 연못에만 피는 줄 알았더니 내 마음에도 핀다. '내 안에 핀 연꽃', 그것이 부처다.

예수라는 이천 년 전 유대 땅에 핀 백합화가 금방 시들은 듯하면서도 내 마음속에 남아 있는 것은 그 꽃이 내 안에 핀 까닭이다. 내 안에 핀 꽃은 결코 시들지 않는다. 그래서 영원이다.

225_270mm

산다는 건 누군가를 밟고 또한 누군가에게 밟히고, 그렇게 사는 것.

사는 것이 그대로 살상이고 폭력이다.

내가 먹는 모든 것이 생명이다.

내가 죽는 날이 살상과 폭력을 멈추는 날,

그날 내 남은 몸을 땅에 묻어 땅속 벌레들에게 먹이로 줄까?

아니면 불에 태워 하나님께 번제로 드릴까.

문득 눈을 들어 서쪽 하늘 바라보니

내가 살아온 날들이 죄로 가득함에 서글픔이 몰려온다.

황혼의 서쪽 하늘이 아름다운 것처럼

나의 황혼도 아름다웠으면 좋겠다.

270_320mm

정보화시대, 많은 이들이 고급정보를 얻고자 혈안이다. 더 양질의 정보, 더 고급정보를 얻어 경쟁에서 앞서가고자 한다. 허접한 정보, 쓰레기 정보들은 없는 것만 못하다.

그러나 고급정보를 얻고자 한다는 것이 한심한 일이다. 진짜 고급정보들은 숨어있지 않고 밝히 드러나 있기 때문이다. 이 세상에 최고의 고급정보를 담은 것이 성경, 불경, 사서삼경 등의 경전들이다. 하고자 하면 얼마든지 접할 수 있는데 무슨 다른 고급정보를 찾는단 말인가? 간혹 목사들 중에 "어디 교회 성장의 비법이 없나?" 하고 여기저기 기웃거리는 이들이 있다. 늘 성경을 대하는 이들이 성경을 제쳐두고 무엇을 찾는지 모르겠다. 그러다 이상한 것 배워 그것이 진짜인 줄 알고 붙들다가 교회도 망치고 자신도 망친다.

맘이 없으면 보아도 보이지 아니하고 들어도 들리지 아니하고 먹어도 맛을 모른다. 맘이 엉뚱한 곳으로 향해 있으니 최고급 정보인 경전을 보면서도 천박한 해석만 해댄다. 고급정보는 얻는 것이 아니라 경전을 제 스스로 해석하고 스스로의 것으로 만드는 것이다.

145_285mm

태양을 하나님에 비한다면 하나님을 모독하는 것, 하나님은 밤하늘의 텅 빔으로 비해야 할 것이다. 우주의 텅 빔에 비한다면 태양은 아주 조그만 불덩이, 태양이 '있음'이라면 우주의 텅 빔은 '없음', 그래서 하나님은 '없이 계신 하나님.' 유영모는 하나님을 그렇게 표현했다.

존재하면서도 존재하지 않는 하나님.
하나님은 어디 있다 하면 하나님이 아니다.
언제부터 있었다고 하면 하나님이 아니다.
하나님을 "엘리"니, "야훼"니, "알라"니 하지만 하나님은 이름이 없다.
없이 계신 하나님을 찾아가는 길은 인간이 자기 속으로 들어가는 길밖에 없다.
어거스틴도 말하기를 하나님을 찾아가기 위해선 마음속으로 들어가야 한다고 했다.
생각이 있는 곳에 하나님이 계신다.^{염재신재, 念在神在}

115_245mm

내가 기껏 학문하여 노자老子를 배웠더니 노자가 말하는 것이 학문을 버리란다. 내가 학문하여 장자莊子를 배웠더니 장자 하는 말이 지식을 폐기하라고 한다. 내가 성경에서 길을 찾고자 성경을 살폈더니 바울 선생 말씀하시기를 "십자가에 못 박혀 죽으라" 한다.

잊으라는 것, 버리라는 것, 죽으라는 것, 그것은 머리로 되는 것이 아니다. 이 이야기는 수없이 들어서 이미 머릿속에 각인되어 있다. 그러니 이제 몸에 퍼져 삶이 되어야 할 것이 아닌가? 그것이 신앙이다.

잊고 버려야 할 것은 학문과 지식이 아니라 욕망이다. 욕망이 이끄는 학문을 버리라는 것이고 욕망을 충족시키고자 하는 지식을 버리고 욕망을 추구하는 자기 존재를 버리라는 것이다. 돈에 팔리는 학문과 지식을 버리라는 것이다. 명예를 높여주는 학문과 지식을 버리라는 것이다. 남에게 보이기 위한 학문과 지식을 버리라는 것이다.

버려야 할 것은 학문과 지식만이 아니다. 우리의 신앙이라는 것도 그렇다. 우리의 신앙은 진실이라는 예리한 칼 앞에 검증받아야 한다. 진실하지 못한 믿음은 아무리 깊어도, 아무리 간절해도 가짜다.

진실의 칼날 앞에 선다는 것은 두려움이다. 지금 가지고 있는 나의 소신, 신앙, 삶이 송두리째 부인될 수 있기 때문이다. 그래서 대부분 사람들은 아예 시도조차 않는다. 어쩔 수 없이 진실의 도전을 받게 되면 심히 당황하고 벌컥 화를 내고, 매우 불쾌해하고 철저히 자신을 방어한다. 그래서 진실의 칼날은 그 누구도 들이댈 수 없다. 오직 자기 자신과 성령님만이 겨눌 수 있다.

"진실해라" 하면 막연하지만 "거짓을 버려라" 하면 좀 수월하다. 거짓을 버리자, 좀 초라해지면 어떠랴? 그래야 바울 선생의 말씀대로 "내 안에 내가 죽고 그리스도께서 사는 것"에 조금이라도 가까워지는 것이다.

들길을 걷는다.
이름 모를 꽃들이 지천이다.
길에서 벗어난 저 안쪽 숲에도
꽃들이 앞다투어 피어있다.

아! 보는 이 없어도,
보아주는 이 없어도
꽃은 피는구나.

저 꽃들은 왜 저리 고운 자태를 뽐낼까?
보는 이도 없는데….

순간 웃음이 나왔다.

"꽃이 누구에게 보이려 필까? 저 좋아서 피는 거지."
"꽃이 나를 위해서 필까? 저를 위해서 피는 거지."

170_270mm

어디선가 본 글이다.

아빠와 아들이 숲길을 간다.
버섯군락지가 발걸음을 멈추게 한다.
버섯을 바라보던 중 아들이 묻는다.

　　"아빠, 저 버섯 예쁘다. 이름이 뭐야?"
　　"나쁜 독버섯이야."

그 소리를 들은 버섯은 충격에 빠졌다.

　　"아! 나는 나쁜 독버섯이구나."

다른 버섯들이 위로했다.

　　"너는 예쁘고 착해, 우리들의 소중한 친구야."

그래도 소용없었다.

　　"나는 분명히 들었어. 나쁜 독버섯이라구."

그러면서 버섯은 흐느껴 울었다. 그때 한 버섯이 말했다.

"그건 인간들의 판단일 뿐이야."

              *   *   *

인간이 다른 생물의 좋고 나쁨을 판단할 수 있을까?
무슨 자격으로? 어떤 기준으로?
기껏해야 인간들의 활용가치로 판단할 뿐이다.

              *   *   *

나는 누구인가?
어떤 가치가 있는가?
나의 가치를 누가 판단하는가?
내가 비록 이름 모를 들꽃처럼 산다고 해도
나는 하나님의 형상으로 창조된 하나님의 자녀,
아무도 나를 판단하지 마라.
나는 나다.

영원한 생명은
하루를 살아도 진실되게 사는 것

† † † †

끝없는 사랑을

170_225mm

"엄마, 나는 누구야?"

"너는 나지."

"그럼 엄마는 누구야?"

"… 나는 없어."

엄마들 중에 이런 이들이 많다.

좋다는 것이 아니다.

옳은 것도 아니다.

과연 어미는 자식을 위해서 온전히 헌신해야 하는가? 그럴 수
없다. 사람은 모두 하나님의 자녀로서 제 삶을 산다. 부모는 자
녀가 제 삶을 잘 살아가도록 도울 뿐 인생을 정해줄 수 없다. 자
녀의 삶에 깊이 관여할수록 불행이다.

아킬레우스의 어미 테티스는 자신의 자녀들을 불사의 존재로
만들고자 생산하는 대로 스틱스강에 담갔다. 첫째가 죽었다. 둘
째도 죽었다. 셋째도 죽었다. … 여섯째도 죽었다. 일곱째인 아

킬레우스도 그럴 처지였지만 다행히 아버지 펠레우스의 개입으로 살았다. 자녀를 위한다는 어미의 욕망이 자녀를 죽였다.

한편 헤로디아는 자신의 딸을 살인에 이용했다. ^{마태복음 14:8}

수백억 재산을 물려받았으면 대대로 놀면서 살아도 될 것을 불확실한 사업에 투자하여 맘고생, 몸고생 하는 것이 사람이다. 놀고먹는 것은 참으로 힘들다. 탕진하더라도, 맘고생 하더라도 그것이 더 낫다. 역시 시골의 자연과 함께하는 삶을 팽개치고 도시의 빈민가로 흘러들어 치열한 투쟁의 삶을 사는 것이 사람이다. 안빈낙도安貧樂道의 삶이란, 치열한 투쟁의 삶을 살아본 사람에게나 의미 있는 일이지 앞날이 창창한 젊은이들에게는 해당하지 않는다.

사람은 변화를 먹고 산다. 변화무쌍한 삶을 산 사람은 행복하다. 급변하는 사회에 사는 이들은 행복하다. 변화의 내용보다는 변화 자체가 행복이다.

더 이상 바람이 없는 사회, 부족한 것이 없는 사회, 욕망이 없는 사회, 그건 지옥이다. 단테의 「신곡」에는 지옥문 앞에 써 있는 말이 있다. "여기에서는 희망을 버려라" 지옥이 희망이 없는 사회라면 천국은 희망이 필요 없는 사회다. 그게 그거다.

110_160mm

젊은이와 늙은이의 가장 큰 차이, 젊은이는 변화를 원하고 늙은이는 변화를 두려워한다. 젊은이는 변화에 적응할 힘이 있고 늙은이는 그 힘이 없다.

100_240mm

내가 주는 사랑보다 받는 사랑이 적다고 생각할 때 서운하다.
주는 사랑과 받는 사랑이 균형을 이룰 때 사랑은 지속된다.
부부의 사랑이 그렇고 부자의 사랑도 그렇다.

짝사랑은 일시적인 것, 언제까지나 짝사랑일 수는 없다.
아무리 고백해도 응답이 없을 때,
아무리 사랑해도 눈길조차 주지 않을 때
사랑은 미움이 된다.

자신을 몹시 사랑한 나르키소스,
나르키소스를 너무 사랑한 요정 에코는 가루가 되어 목소리
만 남았다. 나르키소스를 사랑한 이가 어디 에코뿐이었던가? 나
르키소스를 너무나 사랑했으나 조금도 받아들여지지 않아 깊은
상처를 받은 이들 중에 누가 처절한 기도를 올린다. 처절한 기
도이기에 그 기도는 이루어지는가 보다.

> "저희가 그를 사랑했듯이, 그 역시 누군가를 사랑하게
> 하소서. 하시되 그 사랑을 이룰 수 없게 하시고, 이로써
> 사랑의 아픔을 알게 하소서."

그 저주가 실현되어서인지, 나르키소스는 연못에 비친 저 자
신을 사랑했다. 만지면 흩어지는 자신의 모습, 이루어 질 수 없
는 사랑에 괴로워한 나르키소스는 한 송이 꽃으로 피어올랐다.

미움은
사랑을 독점하려는 것,
그것이 안 될 때 미움이 된다.
내 사랑을 빼앗길 때 미움이 된다.
그가 나를 사랑하지 않을 때 미움이 된다.
나와 사랑하는 방식이 다를 때 미움이 된다.

사랑은 때로는 너무 비합리적이다.
도무지 사랑할 수 없는 이를 사랑하고
사랑해서는 안 될 사람을 사랑하고
모든 것을 포기해서라도 사랑하고
모든 것을 죽이며 사랑한다.
이 터무니없는 비합리성을 어찌할까?

'자유'는 함부로 할 것이 아니다. 부부 중 누가 "자유로워지고 싶다"라고 한다면 이혼하자는 말이다. 자녀가 자유로워지고 싶다고 하면 가출하겠다는 것이다. 부하직원이 자유로워지고 싶다고 하면 직장을 그만두겠다는 것이다. "너는 자유다"라는 말은 책임지지 않겠다는 말이고 관계를 끊자는 말이다.

사랑한다는 것은 사랑하는 이에게 속박받겠다는 것, 아내는 감옥이요 자식은 족쇄다. 사랑하는 이가 나를 속박한다. 사랑이 클수록 속박도 크다. 그가 나를 속박하는 것이 아니라 내가 기꺼이 속박당하는 것이 사랑이다. 천지를 창조하신 하나님도 피조물에게 속박당하신다.

자유로워지고자 하는 이들이 불교 승려들인데 부모도 버리고 처자식도 버리고 일체 무소유로 살겠다는 이들이다. 그러나 정말 그럴 수 있을까? 그럴 수도 없고 그래서도 안 된다. 부처님도 그것을 바라시는 것은 아닐 것이다.

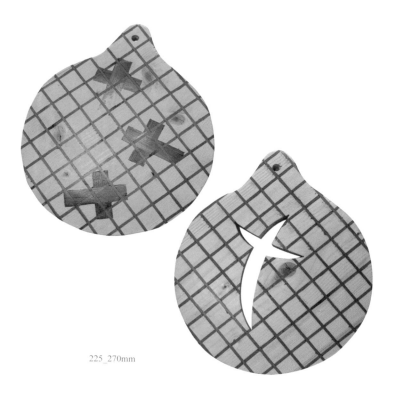

225_270mm

생각은 자유로워질 수 있을까? 생각은 우주 이 끝에서 우주 저 끝까지를 순간에 오고 간다. 에베레스트산 꼭대기와 깊은 바닷속을 마음대로 오고 간다. 천지창조 이전부터 종말까지를 순간에 오고 간다. 그리고 살인도, 간음도, 도둑질도 모두 가능하다. 하나님에 대한 도전도 가능하고 배교도 가능하다. 그러나 어쩌나, 생각도 자유 하면 안 된다. 옛 성현들은 신독愼獨 하라고 가르치시고 예수님께서는 "음욕을 품는 것은 간음하는 것과 같다"라고 하신다. 그러니 생각의 자유도 없다.

권력으로부터 자유로워지려면 권력을 포기하면 된다. 돈으로부터 자유로워지려면 무소유 하면 된다. 죽음으로부터 자유로워지려면 죽음에 순종하면 된다. 그러나 사랑의 속박은 끊을 수 없다. 그래서 우리는 자유를 포기하고 산다.

205_270mm

세상에 내 것이라는 것은 없다.
인생이란 세상의 일부, 잠시 잠깐 왔다가는 손님….

산 이야기

나는 산입니다. 그리 높지도 낮지도 않은 산입니다. 나는 비록 높은 산은 아니지만 내 나이는 참으로 오래되었습니다. 흔히 높은 산은 나이가 많고 낮은 산은 나이가 적은 줄로 아는데 그것은 잘못된 생각입니다. 나는 높은 산보다 오히려 나이가 더 많습니다. 나도 한때는 제법 높은 산이었어요. 그런데 오랜 세월 동안 비바람에 깎이어 많이 낮아졌답니다.

나는 하나님이 온갖 식물들, 날짐승, 들짐승, 바다의 물고기까지 만드는 것을 다 보았습니다. 나는 화산이 폭발하는 것도 보았습니다. 그뿐인가요 하늘의 별이 터지는 것도 보았습니다. 아주 멀어서 조그맣게 보였지만 그래도 하나도 빠짐없이 다 보았습니다. 나는 공룡들이 뛰어노는 것도 보았고 온 땅에 얼음이 덮였던 때도 보았습니다.

내 몸에는 많은 생명들이 살고 있습니다. 수많은 식물들과 벌레들, 그리고 동물들 … 그리고 아주 가끔은 곰과 호랑이도 와서 살곤 합니다.

나는 아주 오랜 세월 동안 이 자리에서 한 발짝도 옮기지 아니하고 있었어요. 굉장히 지루할 것 같지요? 그런데 그렇지 않아요. 하루하루가 너무너무 바쁘고 즐겁답니다. 내 안에서는 하루에도 굉장히 많은 일들이 일어납니다. 어제 하루 동안 일어난 일만 해도 이만저만 많은 것이 아니었어요. 내 코끝 부분에 사는 개미네가 그 조금 위인 콧잔등으로 이사를 했어요. 어유! 그 조그만 것들이 줄지어 이사하는 것을 보면 시간 가는 줄 모른답니다. 한참 보면 어지럽기까지 하대니까요. 그 조그만 것이 자기보다 몇 배나 큰 먹이를 거뜬히 옮기는 것을 보면 참 대견해요.

또 하나의 소식, 왼쪽 겨드랑이 쪽에 사는 토끼네가 새끼를 낳았지요. 네 마리 낳았는데 너무너무 예뻤어요. 오랫동안 기다리던 터라 더욱 귀한 새끼들이지요.

좋지 않은 소식도 있어요. 글쎄 지네 형제가 다투다가 한 녀석의 다리가 부러졌다나 봐요. 다리가 여러 개라 움직일 수는 있는데 매우 아프고 불편할 거예요. 지난밤에 하도 울어서 나도 잠을 설쳤어요. 깁스를 했으니 며칠 있으면 나을 거예요.

요즈음 나는 걱정거리가 하나 있어요. 벌써 여러 날 비가 오지 않아서 계곡물이 많이 줄어들었거든요. 비가 오지 않으면 참으로 불편한 것이 많아요. 물론 비가 많이 와도 걱정이지요. 꽤 오래전의 일이 생각납니다. 그때는 참으로 끔찍했어요. 글쎄 여러 달 동안 비가 한 방울도 안 내린 것이었어요. 계곡물이 완전히 말라 버리고 깊숙한 곳 옹달샘까지 말라 버렸지요. 내 몸에서는 먼지가 풀풀 나고 풀들까지도 말라죽었어요. 그래서 동물들도 많이 내 몸을 떠났었지요. 물론 떠나봐야 갈 곳도 없어서 되돌아오기는 했지만요. 그때만 생각하면, 으- 지금도 몸서리가 진다고요. 그뿐인가요 몇 해 전에는 비가 너무 많이 와서 난리였어요. 뿌리가 얕은 어린 나무들이 많이 쓸려 나가고요. 큰바람에 늙어서 힘없는 고목들 여러 개가 부러졌고요. 동물들의 집에 물이 스며들어서 많은 동물들이 병에 걸려 죽었답니다. 그때도 참 끔찍했어요.

나의 하루는 동쪽 하늘이 훤하게 밝아 올 때 시작합니다. 내 몸에 사는 동물들은 매우 부지런해서 아주 일찍 일어나거든요. 나는 내 몸에 사는 생명들을 보면서 참 재미있는 것을 알았습니다. 그들은 내가 자기들의 것인 줄 알고 있어요. 어찌 보면 참 괘씸하기도 합니다. 동물들은 내 몸 여기저기에 오줌을 질금질금 싸 놓고 자기 땅이라고 주장을 합니다. 그리고 다른 녀석이 들어오면 달려들어서 싸워 내쫓아 버리기 일쑤이지요. 어디 큰 동물들만 그러한가요? 작은 동물들, 곤충들까지도 그러기는 마찬가지입니다. 그러나 나는 괜찮습니다. 기분 나쁘지도 않고요. 사실은 다 내 새끼거든요. 내 안에서 태어나고 내 안에서 먹고 내 안에다 똥 싸고 내 안에서 자라나고 내 안에서 짝짓고 내 안에서 새끼 낳아 기르고 그리고 내 안에서 죽지요.

내 안에는 사람도 살았었습니다. 20년 전에 노인 한 분과 딸아이가 살았었지요. 아주 조그만 밭뙈기에 옥수수도 심고 콩도 심고 감자도 심고 살았는데 노인이 죽자 딸아이는 이곳을 떠나고 말았어요. 그 후로는 한 번도 안 왔지요. 어디에서 죽었는지 살았는지 알지 못합니다.

그들이 떠난 후에도 가끔 사람들이 옵니다. 살러 오는 것이 아니고 나를 오르기 위해서지요. 어떤 이들은 편하게 완만한 곳을 찾아 오르고 어떤 이들은 일부러 험한 곳을 찾아서 오르기도 합니다. 그래서 내 머리 위에 올라오면 크게 "야-호!"하고 소리칩니다. 뭐, 나를 정복했다나요?

어느 날, 몇 명의 신사들이 **빤질빤질** 까만 자동차를 타고 저밑 내 발치에 와서는 나를 이리저리 가리키며 말하는 소리를 들었습니다. 그날은 유난히 맑은 날씨에 바람도 불지 않고 아주 조용한 날이었습니다. 나는 그들이 말하는 소리를 다 들을 수 있었습니다. 근데 글쎄 그들이 나를 샀대요. 나를 다 산 것도 아니고 내 오른쪽 옆구리 부분을 샀대요. 그리고 거기에 호텔인가 뭔가를 지을 계획이라더군요. 참 기가 막혀서, 그들이 내 주인이 래요.

그러고 보니 내 주인이라는 사람들이 하나, 둘이 아니었어요. 아주 옛날부터 내 주인이라는 사람들이 계속 있어 왔어요. 뭐, 등기부 등본을 떼어 보면 알 수 있다나요? 지금은 저 사람들이 내 주인이라는데, 글쎄요. 조금 있으면 또 주인이 바뀔 것이고 또 다른 사람들이 와서는 나를 둘러보고 흐뭇해하겠지요. 이제까지 나를 자기 것이라고 한 사람들이 아마 수 백 명은 될 거예요. 그런데 나는 상관없어요. 나는 한 번도 저들이 내 주인이라고 생각한 적이 없어요. 오히려 내가 주인이라면 주인이지요. 그런데 곰곰이 생각해 보니 내가 저들의 주인도 아니어요. 내 품 안에 살지도 않거든요.

얼마 후, 부릉부릉 소리와 함께 이상한 자동차들이 와서 내 옆구리를 파헤치더군요. 그러더니 커다란 집을 짓더라고요. 빨간 내 속살이 드러나고 거기에 사람들이 오물오물 꼼지락꼼지락하더니 집이 들어서고 그러더니 많은 사람들이 수시로 드나

들었지요. 처음에는 호기심에 관심을 두고 바라보았는데 지금은 별로 관심이 없습니다. 나는 돌보아야 할 가족이 너무 많거든요.

참! 얼마 전에 나의 주인이라고 하는 사람들이 또 바뀌었대요. 아마 죽었다는 것 같아요. 내 몸에 묻히면 거두어서 돌보아 주려고 했는데 그나마 다른 곳에 묻혔나 봐요. 아이쿠! 벌써 해가 넘어가네요. 눈 몇 번 끔벅이면 하루가 그냥 간다니까요. 이제 나도 늙었나 봐요. 세월이 너무 빨리 가요. 어영부영하다 보면 몇 백 년이 그냥 지나가 버리거든요.

인간 세상에서 사람이 사람다우려면 자유로워야 하고 평등해야 한다. 민주사회는 자유와 평등의 사회다. 그런데 자유와 평등은 모순 관계에 있다. 자유를 강조하면 평등이 깨진다. 평등을 강조하면 자유가 억압된다. 자유와 평등이 조화를 이룬 세상이 좋은 사회다.

민주주의가 발달했다는 미국, 미국의 서부개척시대에는 무법자들이 많았다. 그들은 무법의 자유를 만끽했다. 그런데도 어느 정도 서로의 존재를 인정하고 평등할 수 있었다. 사람으로 인정하고 존중한 것이 아니다. 신앙심이 돈독해서 그런 것도 아니다. 모두 총을 가지고 있었기 때문이다. 총으로 인한 평등이다. 미국의 민주주의는 총 앞의 평등에서 시작되었다. 오늘날에도 미국인들은 집마다 총을 가지고 있다. 총기로 인한 사건과 사고가 부지기수다. 그런데도 총기규제를 할 수 없는 이유가 그것이다.

오늘날 자유와 평등은 돈으로 인한 자유고 돈으로 인한 평등이다. 사람의 노동력이 돈으로 계산된다. 지식, 외모, 심지어 성^性도 돈으로 계산되어 사고팔 수 있다. 이것은 인간의 자유와 평

180_310mm

등이 아니라 돈의 자유와 평등이다. 법 앞에 평등할까? 안타깝게도 법은 강자가 만들고 강자가 만든 질서를 유지하기 위한 것이다. 법은 정의를 세우기 위해 만들어진 것이 아니라 질서유지를 위해 만들어진 것이다. 그러면 인간 세상에서 진정한 자유와 평등이라는 것은 없는 것인가? 세상에서는 그런 것 같다.

사람을 사람답게 하는 진정한 자유와 평등은 죽음 앞에서다. 죽음 앞에 모든 이는 평등하고 모든 불의와 부조리에서 자유 할 수 있다.

60_80mm

아기 돌이라길래 아기를 위한 십자가를 만들었다.
가지고 놀 수 있게 작고 예쁘게.

이 십자가가 아기와 얼마나 오래 함께할지 알 수 없지만
함께 하는 동안 아기에게 기독교 가치관이 젖어들 수 있으면
좋겠다.
억지로가 아니라 저절로.

95_200mm

세상이 온통 변해야 한다고 한다. 개혁해야 한다고 한다. 창조적이어야 한다고 한다. 한두 번 들을 때는 그런가 보다 했는데 거듭 들으니 변하지 않으면 도무지 살아남지 못할 것처럼 윽박지르는 듯하다.

그런데 내가 왜 변화해야 하지? 살기 위해서? 출세하기 위해서? 성공하기 위해서?

나 자신을 변화시키지 않고도 살 수 있는데 굳이 자신을 변화시킬 필요는 없다. 내 소신대로, 내 장점대로, 내가 좋아하는 대로 살아갈 수 있는 세상이 좋은 세상이고 또 그렇게 살 때 행복할 수 있다. 시시각각 변하는 세상사에 나를 맞추어야 한다면 내가 없는 것이다. 또 그렇게 살아간다는 것은 매우 피곤한 삶이다.

변해야 할 때도 있다. 변화하지 않고는 살 수 없는 절체절명의 순간에는 나 스스로 변화한다. 저절로 변화한다. 그러나 그 변하지 않으면 안 되는 절체절명의 상황이라는 것은 참으로 불행한 상황이다.

사람에게는 변해야 할 것이 있고 변하지 말아야 할 것이 있다. 변할 수 있는 것이 있고 변할 수 없는 것이 있다. 개인뿐만 아니다. 국가와 민족도 그렇다.

현대사회는 급격하게 변한다고 한다. 그러나 급격하게 변하는 것은 과학기술의 발전으로 인한 물질문명이다. 보편적 진리는 거의 변화가 없다. 보편적 진리는 2,000년 2,500여 년 전에 이미 다 완성되었다고 해도 과언이 아니다. 짜라투스트라, 석가, 공자, 탈레스, 소크라테스, 플라톤, 아리스토텔레스 등이 있었다.

2,000여 년 전에 예수가 있었다. 이분들의 가르침 이후 새로운 것이 별로 없다. 이후의 인류문명이라는 것은 이분들의 가르침에 대한 재해석이라 할 수 있다.

변화를 강요하지 말라.

나는 변화를 요구하는 이들의 속셈을 본다. "지금 네가 처한 어려움은 네가 변화하지 않기 때문이다."는 이야기다. 모든 책

임을 당사자에게 지우는 얄팍한 의도가 들어있다. 정치지도자
가 국민에게, 기업주가 노동자에게, 부모가 자식에게, 선생이 제
자에게, 목사가 성도에게 책임을 돌리는 이야기다. 게다가 "네
가 변화하여 나에게 맞추어라. 그러면 내가 너를 등용하겠다"라
는 말이다.

　나에게 변화를 강요하지 말고 나의 지금의 모습을 보고 나에
게 당신들을 맞추어라. 나는 나다.

160_275mm

조선말 이상재 선생이 미국에 외교관으로 갔을 때, 미국이 부국강병 한 것을 보고 그 비결을 궁금해하던바, 어떤 이가 말하기를 "미국이 부국강병 한 비결은 성경에 있다" 하여 성경을 열심히 보았으나 아무리 보아도 전함戰艦 만드는 법, 군대를 조직하고 훈련하는 법, 상공업을 발전시키는 법 등이 없어서 크게 실망했다는 이야기가 있다.

예수, 석가, 공자 어느 분도 부국강병책을 말씀하신 분은 없다. 예수와 석가는 아예 관심조차 없었고 현실정치에 큰 관심이 있었던 공자조차도 부국강병책을 말하지 않았다.

급하고 또 급한 것이 국방을 든든히 하는 것이요 경제를 활성화하는 것이지만, 그것은 급한 것이지 중요한 것은 아니다. 개인이건 국가건 급한 것만 쫓다 보면 정작 중요한 것은 뒷전으로 밀리게 되어 항상 그 모양 그 꼴이다. 정말 중요한 것은 사람이 사람답게 사는 세상, 그것을 위해서 국방도 필요하고 경제도 필요하건만 근본을 잊고 말단만 쫓는다. 사람이 사람답게 사는 세상, 그것이 중요하다.

440_1600mm

　대전기독교교회협의회가 대전YMCA에게 이 십자가를 기증했다.

　십자가에 YMCA를 새겨 넣었다. YMCA만을 위한 십자가다.

† † † † †

영원히 당신의 것입니다

목사 십자가 2 / 반석 위에 세운 교회, 거기에 십자가

비움 십자가 / 성모 십자가 / 언덕 위 십자가

월계관 십자가 / 참됨 십자가

105_190mm

한국교회의 70%가 미자립교회다. 미자립교회란, 교회 재정으로는 목사의 생계가 어려워 교회 밖으로부터 생활비가 보충되어야 하는 교회다. 그러면 미자립교회 목사들은 어떻게 부족한 생활비를 보충할까? 부모로부터 물려받은 재산이 있던지, 아내가 돈벌이를 하던지, 든든한 후원자가 있다면 다행이지만 그렇지 못한 경우는 막노동을 하던지 대리운전, 택시 운전, 과외선생 등 이런저런 돈벌이를 해야 한다. 많은 경우 목사는 넥타이 맨 빈민, 넥타이 맨 거지다.

그런데 목사가 그 수입이 적음에 대해서 사회에 불만을 토로한 적이 있던가? 파업을 한 적이 있던가? 국가와 사회는 **엄연한 대한민국 국민**인 가난한 목사들의 생계를 걱정하는 척이라도 했던가? 목사들은 불평이 없이 그 가난을 기꺼이 감수한다. 그래서 목사다.

165_290mm

"잘 들어라. 너는 베드로이다. 내가 이 반석 위에 내 교회를 세울 터인즉 죽음의 힘도 감히 그것을 누르지 못할 것이다. 또 나는 너에게 하늘 나라의 열쇠를 주겠다. 네가 무엇이든지 땅에서 매면 하늘에도 매여 있을 것이며 땅에서 풀면 하늘에도 풀려 있을 것이다" 하고 말씀하셨다. 마태복음 16:18~19

  베드로의 신앙고백 위에 예수께서는 당신의 교회를 세우신다고 하셨다. 그리고 베드로에게 천국열쇠를 주신다고 하셨다. 교회의 근거, 교회의 권위다.

  "학교의 주인은 누구인가?" 하고 물으면 십중팔구는 "학생"이라고 대답한다. 그러나 잘못된 대답이다. 학교는 학생을 위해 있지만 학생이 학교의 주인은 아니다. 학교의 주인은 학문이다. 나라의 주인은 누구인가? 국민이 아니다. 지금의 국민이 나라의 주인이라면 지금 세대가 국민 투표하여 미국에 팔아먹고, 일본에 팔아먹어도 된다는 얘기다. 우리나라의 주인은 반만년 역사이고 자손만대 후손이다.

교회의 주인은 누구인가? 진리이신 하나님, 예수님이 교회의 주인이심을 모두가 아는 바다. 수백, 수천, 수만의 사람이 모여도 하나님의 뜻에서 벗어나고 예수의 가르침이 왜곡된다면 교회일 수 없다.

　복음을 전하는 이가 교회의 지도자다. 예수께서는 천국열쇠를 베드로에게 위탁하셨듯이 진리를 가르치는 이들에게 위탁하셨다. 가르침의 내용에 의하여 교회가 교회일 수 있다. 결코 예배당이 교회일 수 없고 숫자가 교회일 수 없으며 조직이 교회일 수 없다.

수레의 본질은 바퀴와 바퀴 축 사이, 그 사이의 공간이 없다면 수레는 수레일 수 없다.

그릇의 본질은 무엇을 담을 수 있는 공간,

그릇의 재질이 아니라 담을 수 있는 빈 공간이 그릇의 존재 이유다.

집은 벽과 지붕, 그리고 문으로 구성되어 있지만, 집의 본질은 그것들이 만들어 내는 빈 공간이다. 그 공간을 이용하기 위하여 벽과 지붕, 문이 필요하다.

본질은 보이지 않는 그 무엇이다.

수레와 그릇과 집의 본질이 그러한 것처럼 교회의 본질도 건물, 조직이 아니다. 보이지 않는 하나님의 섭리, 그리스도의 사랑, 그 안에서 교통하는 사람들의 관계다.

비움이란 무엇인가?

거짓을 없애는 것이다.

290_530mm

거짓된 것을 걸러내고 또 걸러내면
그 맑음으로 하나님을 본다.
그 고요함으로 말씀을 듣는다.
그 굳건함으로 동요가 없다.

그것이 교회다.
그것이 해탈이고 그것이 구원이다.
그래서 영원이다.
교회는 마땅히 그래야 한다.
사람도 마땅히 그래야 한다.
마땅히 그래야 하기에 명命이다.

225_270mm

마가복음과 마태복음에서는 성모 마리아에 대하여 거의 언급하지 않고 있다. 복음서보다 먼저 쓰인 바울서신 중에도 마리아에 대한 기록은 거의 존재하지 않는다.

누가복음에는 세례요한의 탄생 예고 및 즈가리야의 노래, 예수의 탄생 예고 및 마리아의 노래, 그리고 마리아와 엘리사벳의 만남, 성전에서 만난 시므온과 안나의 예언들이 기록되어 있다.

요한복음에서 성모 마리아는 가나의 혼인 잔치에서 물로 포도주를 만드는 기적 사건에 관여함으로 예수님의 공생애 시작을 여는 일에 동참하고 있다. 그러고는 예수께서는 십자가에 돌아가실 때 당신의 사랑하는 제자에게 어머니를 의탁하신다.

예수님 당시에는 어떠했는지 모르지만, 예수님 사후에는 예수님의 동생 야고보의 활동이 크고 영향력도 대단했던 것 같다.[사도행전 15장, 갈라디아서 1:19 참조] 그러나 바울 선생의 입장에서 볼 때 야고보의 가르침은 오히려 주님의 가르침에 큰 장애물이었다. 야고보는 유대주의적 기독교인으로서 할례와 율법의 준수를 주장했던 사람이기 때문이다.

성서적 근거는 빈약하지만, 가톨릭교회는 끊임없이 성모 마리아에 대해서 언급하다가 12세기 이후 교회들이 수호성인을 이야기하면서 더욱 부각되었다. 당시 건축된 노트르담 대성당을 비롯하여 많은 성당들이 마리아에게 바쳐진 성당들이다. 특히 시토 교단의 성 베르나르는 일생을 마리아의 생애와 미덕에 대해서 설교했다고 한다.

16세기, 종교개혁자들은 가톨릭의 전통과 교리를 거부하고 성서 제일주의로 회귀하면서 성서적 배경이 부족한 마리아에 대해서는 말하지 않았다. 그 결과 기독교의 여성성이 크게 위축되었다. 현대에 이르러 여성해방신학, 생태여성신학 등의 새로운 신학 사조가 일어나면서 여성성이 회복되기도 하지만 아직도 개신교에서는 성모 마리아에 대해서 말하는 것이 금기시되어 있다. 이 금기를 깨고 감히 〈성모 십자가〉를 만들었다.

주님께 월계관을 바칩니다.
이 월계관이 주님께 어울릴지는 모르겠습니다.
십자가에 처형당하신 분께 월계관은 당치 않기 때문이지요.
그럼에도 불구하고 이 월계관을 당신께 바칩니다.
그것은 아마도 모든 그리스도인의 한결같은 맘일 것입니다.

아폴론이 끔찍이도 사랑한 다프네,
아폴론을 끔찍이도 싫어한 다프네,
집요하게 쫓는 아폴론을 피하여 도망하던 다프네는
차라리 자기가 나무가 되는 것이 좋겠다고 했다.
순간 그의 다리는 뿌리가 되어 땅에 박혔다. 그리고 월계수가
되었다.

심한 충격을 받은 아폴론은 다프네를 잊지 않겠다고
다프네의 월계수 가지로 관을 만들어 썼다.
훗날, 그것은 승리의 월계관이 되었지만
아폴론이 쓴 월계관은
미안함과 속죄의 관이었으리라.

225_270mm

경기에서 이긴 자에게 주는 월계관,

전쟁에서 이긴 장수에게 주는 월계관,

로마의 황제가 쓴 황금으로 만든 월계관,

그것들은 승리의 월계관이다.

그러나 그것은 썩어질 월계관들이다. 고린도전서 9:25

진정한 월계관은

믿음을 지키며

달릴 길을 다 달린 이에게 주어진다. 디모데후서 4:7~8

온갖 시련을 이겨낸 사람에게 주어진다. 야고보서 1:12

죽기까지 충성한 사람에게 주어진다. 요한계시록 2:17

225_270mm

험한 산 언덕 위,
거기에 조그만 예배당
언덕 아래 몇 가구가 드나들겠지

전임 사역자는 있을까?
예배당만 보이지 사택이 보이지 않는다.

산세가 크고 험하지만
위압적이지 않은 것은
거기에
작은 예배당이 있어서일 것이다.

180_290mm

참말과 거짓말의 판단 기준은 그 결과에 있지 않다.

그 말이 사랑과 진실에서 나온 말이라면 결과와 관계없이 참말이다.

아침에 등교하는 아이에게 엄마가 엄히 경고한다.

"학교 앞에서 파는 불량식품을 사 먹지 마라, 그것 먹으면 배탈난다"

하굣길, 친구들이 학교 앞 노점에서 무엇인가를 맛있게 먹는다. 친구들이 병에 걸릴까 걱정이 된 아이가 말한다.

"얘들아, 그거 먹으면 배탈 나."

노점상 아저씨 말하기를,

"이것 먹고 배탈 난 사람 아무도 없다. 너도 먹어 봐라, 얼마나 맛있다고…"

맛있어 보이는 음식의 유혹을 뿌리치지 못한 아이는 그것을 사 먹는다. 병은 나지 않았다. 엄마의 말과 노점상 아저씨의 말 중 누구 말이 옳을까? 드러난 현상만 볼 것 같으면 노점상 아저씨의 말이 참말이고 엄마의 말이 거짓이다. 그러나 엄마의 말이 결코 거짓이 아님을 아이는 안다. 굳이 옳은 말을 선택하라면 아이는 엄마의 말이 옳다고 할 것이다. 엄마의 말이 사랑에 근거한 말이기 때문이다. 예수님이 말씀하신 좋은 열매란 사랑의 열매다.

예언자의 예언도 그 예언의 성취 여부로 판단할 수 없다. 성취 여부와 관계없이 하나님께로부터 온 예언이면 참 예언이다. 예언자의 예언들 중에는 부도수표가 참 많다. 남유다와 북이스라엘의 통일을 예언한 에스겔 선지자의 예언, 니느웨의 멸망을 예언한 요나 선지자의 예언, 사자와 어린양이 함께 뛰노는 세상을 꿈꾼 이사야 선지자의 예언은 모두 빗나간 예언이 되었다. 그러나 아무도 그 예언들을 거짓 예언이라고 하지 않는다. 그 예언이 사랑이시고 진실하신 하나님으로부터 온 말씀이라고 여기기 때문이다.

거짓을 걸러내고
고요함으로 말씀을 듣는다
그가 하는 말에 우리의 마음이
뜨겁지 아니하더냐